Catalogue du
Musée de
Montauban,
1864.

Tarn et Garonne

CATALOGUE

DU

MUSÉE DE MONTAUBAN.

CATALOGUE

DU

MUSÉE DE MONTAUBAN.

TABLEAUX,

OBJETS D'ART

ET

CURIOSITÉS.

MONTAUBAN,

FORESTIÉ NEVEU, IMPRIMEUR DE LA MAIRIE,

Rue du Vieux-Palais, 25.

1863.

1864

NOTICE HISTORIQUE.

Placé dans l'Hôtel-de-Ville (ancien évêché, bâti en 1662, sur les ruines du château des comtes de Toulouse), le Musée se compose de trois pièces : la Salle Mortarieu, la Grande Salle et la Salle Ingres.

M. de Balzac, alors préfet du Département (1820), obtint du Gouvernement une belle et nombreuse suite de statues, bas-reliefs, etc., moulés sur l'Antique, et destinés à la création de l'Ecole publique de dessin. Ce fut là le germe du Musée qui se développe rapidement aujourd'hui.

En 1843, le baron Joseph Vialètes de Mortarieu, ancien maire de la Ville, donna 68 tableaux et fonda la collection actuelle. Plus tard (1851), M. Ingres, sénateur, membre de l'Institut, voulut aussi doter son pays natal : il envoya 54 toiles et 24 vases grecs ou étrusques, ainsi qu'un certain nombre de livres à figures, tirés de son cabinet, avec la promesse de libéralités plus importantes. Ces dons sont exposés dans la salle qui porte le nom de l'illustre peintre, par suite du désir qu'il a exprimé de savoir les choses qui ont servi à ses études, placées dans un lieu auquel se rattachent des souvenirs de son enfance. Cette pièce, ancienne chambre à coucher de Monseigneur de Breteuil (1777), a été décorée par Ingres père, qui est l'auteur de toutes les sculptures, sauf celles de la cheminée, remontant à l'évêque Jean-Baptiste-Michel de Colbert, parent du grand Ministre (1675-1687).

Les munificences de S. M. l'Empereur, et celles plus modestes des particuliers, ainsi que les achats faits par la Ville, contribuent tous les jours à augmenter le nombre des tableaux.

Enfin, en 1863, M. le docteur Lapeyre, ancien pharmacien en chef du corps expéditionnaire de Chine, a fait don à la Ville de nombreux objets d'art ou de curiosité, qu'il a recueillis dans ses voyages, et qui forment le noyau d'une collection d'un autre genre.

MUSÉE DE MONTAUBAN.

TABLEAUX (*).

Ecole Espagnole.

VALDEZ. — 1661-1724.

1 Figure allégorique.

Toile. H. 52 c. L. 28 c.

2 Idem.

Toile. H. 52 c. L. 28 c.

VINCENS (Joannes).

3 Portrait de don Carlos.

Toile. H. 39 c. L. 32 c.

Ecole Flamande.

4 Un portrait.

Toile. H. 60 c. L. 55 c.

VERDUSSEIN.

5 Siége d'une ville d'Italie.

Toile. H. 75 c. L. 100 c.

* Tous les tableaux dont l'origine n'est pas indiquée, ont été donnés par le baron Joseph Vialètes de Mortarieu. Les chiffres placés à côté de quelques noms d'auteurs, indiquent la date de leur naissance et celle de leur mort.

6 Marche d'une armée.

Toile. H. 75 c. L. 100 c.

AUTEURS INCONNUS.

7 Portrait d'homme du temps de Louis XIII.

Toile. H. 65. L. 54.

8 Vieille femme dans une buanderie.

Donné par M. Lacoste-Rigail jeune.

Toile. H. 49 c. L. 37 c.

9 Herminie arrivant chez les bergers (copie).

Toile. H. 48 c. L. 66 c.

10 Un bac.

Toile. H. 23 c. L. 27 c.

11 Un bucheron. — Pendant du précédent.

12 Scène d'intérieur.

Panneau. H. 43 c. L. 62 c.

13 Idem. — Pendant du précédent.

14 Paysage (antique) : Ruines.

Toile. H. 23 c. L. 36 c.

15 Fleurs.

Toile. H. 63 c. L. 44 c.

16 Idem. — Pendant du précédent.

17 Nature morte : Poissons.

Panneau. H. 53 c. L. 44 c.

École Française.

APPERT.

18 Néron devant le cadavre d'Agrippine.
Don du Gouvernement.
Toile. H. 250 c. L. 270 c.

BOUCHER. — 1704-1768.

19 Paysage, avec figures et animaux.
Toile. H. 56 c. L. 70 c.

BOUCHER (*Un élève de*)

20 Paysage, avec figures.
Toile. H. 53 c. L. 42 c.

CAMBON (ARMAND), élève de M. Ingres.

21 Figure symbolique de la République.
Don du Gouvernement.
Toile. H. 300 c. L. 210 c.

22 Étude de fleurs.
Acheté par la Ville.
Panneau. H. 26 c. L. 21 c.

COUDER.

23 Le lévite d'Ephraïm trouvant sa femme morte.
Acheté par la Ville.
Toile. H. 46 c. L. 38 c.

COUTURE (*D'après*), par L. COMBES.

24 L'amour de l'or.
Acheté par la Ville.
Toile. H. 150 c. L. 200 c.

DESGOFFES (Alexandre), élève de M. Ingres.

25 Paysage : Des vautours viennent dévorer le cadavre d'un naufragé.

Donné par l'Empereur.

Toile. H. 115 c. L. 158 c.

26 L'évanouissement du Christ au jardin des Oliviers.

Donné par l'Empereur.

Toile. H. 260 c. L. 200 c.

DUPLESSIS. — 1725-1802.

27 Portrait de Louis XVI.

Ancienne propriété de la Ville.

Toile. H. 255 c. L. 160 c.

FONTENAY.

28 Route de Bastia à Ajaccio.

Donné par l'Empereur.

Toile. H. 139 c. L. 195 c.

FOULQUIER. — 1800.

29 Paysage.

Panneau. H. 20 c. L. 28 c.

30 Idem. — Pendant du précédent.

FRANQUE.

31 Junon, après avoir endormi Jupiter, s'empare de la foudre pour en frapper les Grecs.

Don du Gouvernement.

Toile. H. 315 c. L. 250 c.

GARDET (A.).

32 Ruines sur les côtes de Catalogne.

Acheté par la Ville.

Toile. H. 59 c. L. 55 c.

GREUZE. — 1726-1805.

33 Une petite fille.

Toile. H. 45 c. L. 58 c.

HAMON (Jean-Louis).

34 L'Amour aux bains de mer.

Acheté par la Ville.

Toile. H. 45 c. L. 57 c.

INGRES (*D'après*), par COMBES père.

35 Portrait de M. le baron Joseph de Mortarieu,
fondateur du Musée.

Toile. H. 65 c. L. 55 c.

JOLLAIN. — 1766.

36 Allégorie au sujet de l'inondation du Tarn :
La Renommée prend des mains de la ville
de Montauban le portrait du lieutenant de
Gourgues, pour le suspendre dans le temple
de la Gloire (1766).

Ancienne propriété de la Ville.

Toile. H. 195 c. L. 140 c.

JOUVENET. — 1644-1717.

37 Esquisse originale du grand tableau de la
Descente de croix.

Toile. H. 162 c. L. 115 c.

LACROIX.

38 Marine.

Panneau. H. 21 c. L. 26 c.

39 Idem.

Toile. H. 69 c. L. 86 c.

LEDRU (Hilaire).

40 Portrait de Pierre Capelle, inspecteur de la librairie, né à Montauban (1772).

Donné par Mme Capelle.

Toile. H. 92 c. L. 75 c.

LEFÈVRE (*D'après* Robert).

41 Portrait de Charles X.

Don du Gouvernement.

Toile. H. 270 c. L. 200 c.

LENAIN — 1648.

42 Des gueux.

Donné par Mme la baronne de Mortarieu.
Toile. H. 145 c. L. 110 c.

LUTHERBOURG. — 1740-1814.

43 Une Cascade.

Toile. H. 52 c. L. 40 c.

MAILLOT (Th.).

44 Saint Rémy distribuant des aumônes.
Donné par l'Empereur.
Toile. H. 580 c. L. 425 c.

MIGNARD (P). — 1610-1695.

45 Portrait de Louis XIV.

> Toile. H. 130 c. L. 92 c.

46 La Peinture.

Fragment faisant partie des plafonds des petites galeries de Versailles.

> Toile. H. 86 c. L. 100 c.

MIGNARD (*D'après* P.). — 1610-1695.

47 Portrait de Madame de Montespan.

> Toile. H. 80 c. L. 66 c.

48 Portrait de Louis XV enfant.

> Toile. H. 84 c. L. 62 c.

NAZON (Henri).

49 Paysage : Matinée de printemps.

> Acheté par la Ville.

> Toile. H. 41 c. L. 64 c.

NOMPARD.

50 Paysage : Site au bord de la mer.

> Toile. H. 111 c. L. 144 c.

51   Idem : Les bords d'une rivière.

> Toile. H 101 c. L. 130 c.

PHILIPOTEAUX (*D'après*)

52 Scène de la retraite de Moscou.

> Donné par un amateur.

> Toile. H. 83 c. L. 104 c.

PY (Achile).

53 Une invasion dans les Gaules à la chute de
l'empire romain.

Acheté par la Ville.

Toile. H. 46 c. L. 105 c.

RAOUR.

54 Les Vestales.

Toile. H. 90 c. L. 72 c.

RIGAUD (Hyacinthe). — 1659-1743.

55 Portrait d'homme en robe de chambre.

Toile. H. 93 c. L. 75 c.

RIESNER.

56 Portrait du maréchal Bessières.

Ancienne propriété de la Ville.

Toile. H. 71 c. L. 58 c.

SAUVAGE.

57 Bas-relief, en grisaille : Jeux d'enfants.

Toile. H. 40 c. L. 55 c.

SOLON (Mⁱⁱᵉ Marie).

58 Une Italienne (miniature).

Acheté par la Ville.

Ivoire. H. 13 c. L. 12 c

STURLER (Aᵈ), élève de M. Ingres.

59 La procession de la madone de Cimabuë, à
Florence.

Donné par l'Empereur.

Toile. H. 260 c. L. 355 c.

SUBLEYRAS. — 1699-1749.

60 La Flagellation.

Acheté par la Ville.

Toile. H. 154 c. L. 119 c.

VALENTIN (Moïse) *Genre de*. — 1600-1632.

61 La Musique : Effet de lumière.

Toile. H. 61 c. L. 76 c.

VALETTE-PENOT. — 1710-1777.

62 Pêches et noix.

Toile. H. 26 c. L. 36 c.

63 Bas-relief.

Toile. H. 77 c. L. 61 c.

VERLAT (*D'après*), par LÉON COMBES.

64 Buffle terrassé par un tigre.

Acheté par la Ville.

Toile. H. 200 c. L. 310 c.

VIALÈTES (JACQUES). — 1750.

65 Paysage.

Toile. H. 75 c. L. 100 c.

66 Scène de chasse.

Pastel. H. 68 c. L. 82 c.

67 Cléopâtre.

Pastel. H. 82 c. L. 60 c.

WINTERALTER (*D'après*).

68 Portrait de Louis-Philippe Ier.

Don du Gouvernement.

Toile. H. 232 c. L. 167 c.

AUTEURS INCONNUS.

69 La cour d'un palais (style Renaissance).

> Toile. H. 75 c. L. 86 c.

70 Une femme portant une lampe : Effet de lumière.

> Toile. H. 80 c. L. 155 c.

71 Embrasement de Troie (copie).

> Toile. H. 85 c. L. 117 c.

72 La preneuse de café.

> Toile. H. 77 c. L. 78 c.

73 La chaste Suzanne (copie).

> Donné par Mme la baronne de Mortarieu.
>
> Toile. H. 140 c. L. 106 c.

74 Portrait de Louis XV.

> Ancienne propriété de la Ville.
>
> Toile. H. 200 c. L. 140 c.

75 Paysage : Vue d'un pont sur une rivière.

> Panneau. H. 20 c. L. 23 c.

76 Vue d'un moulin. — Pendant du précédent.

77 Portrait de Joachim Murat, roi de Naples.

> Ancienne propriété de la Ville.
>
> Toile. H. 75 c. L. 57 c.

78 Portrait de la duchesse de Berry.

> Don du Gouvernement.
>
> Toile. H. 210 c. L. 145 c.

79 Un personnage faisant l'aumône.

> Toile. H. 41 c. L. 52 c.

École Hollandaise.

BERGHEM (*D'après*). — 1624-1683.

80 Paysage.

> Toile. H. 22 c. L. 29 c.

81 Idem.

> Panneau. H. 71 c. L. 96 c.

Paul POTTER (*Attribué à*). — 1625-1654.

82 Animaux.

> Toile. H. 41 c. L. 63 c.

REMBRAND (*Genre de*). — 1606-1674.

83 Portrait.

> Panneau. H. 54 c. L. 45 c.

RUYSDAEL (*D'après*). — 1640-1681.

84 Paysage.

> Toile. H. 50 c. L. 65 c.

85 Idem.

> Toile. H. 25 c. L. 33 c.

WIK.

86 Les Vestales.

> Toile. H. 160 c. L. 180 c.

WYNANTS. — 1600-1670.

87 Paysage.

> Toile. H. 65 c. L. 77 c.

AUTEURS INCONNUS.

88 Pont à l'entrée d'un bourg.

> Panneau. H. 27 c. L. 35 c.

89 Scène d'intérieur.

> Toile. H. 35 c. L. 47 c.

90   Idem.   — Pendant du précédent.

91 Naufrage d'un navire hollandais.

> Panneau. H. 57 c. L. 50 c.

92 Effet de neige. — Pendant du précédent.

Ecole Italienne.

CANALETTI. — 1697-1768.

93 Une vue de Venise.

> Toile. H. 80 c. L. 100 c.

94   Idem.   — Pendant du précédent.

CARRACHE (Annibal). — 1560-1609.

95 Esquisse d'un plafond.

> Toile. H. 140 c. L. 114 c.

CARRUCCI (Jacopo).

96 Sainte-Famille.

Catalogue Campana.   Donné par l'Empereur.

> Panneau. H. 152 c. L. 95 c.

CORRÈGE (*D'après*). — 1494-1534.

97 Le Mariage mystique de sainte Catherine.

Donné par Mme la baronne Alphonse de Mortarieu.

> Toile. H. 150 c. L. 98 c.

98 Jupiter et la nymphe Io.

> Toile. H. 64 c. L. 50 c.

PANINI (Jean-Paul). — 1691-1764.

99 Ruines : Composition.

> Toile. H. 44 c. L. 34 c.

100 Idem. — Pendant du précédent.

TITIEN (*D'après*). — 1477-1576.

101 Portrait d'un seigneur et de sa maîtresse, avec les attributs de Vénus.

> Donné par Mme la baronne Alphonse de Mortarieu.
>
> Toile. H. 130 c. L. 100 c.

AUTEURS INCONNUS.

102 Le dieu Pan terrassé par l'Amour (*d'après* J. Romain).

> Toile. H. 68 c. L. 96 c.

103 Une Bacchanale (*genre du* Poussin).

> Toile. H. 74 c. L. 95 c.

104 La Madeleine.

> Toile. H. 86 c. L. 66 c.

105 Le roi Léar.

> Toile. H. 130 c. L. 100 c.

106 Le Déluge.

> Toile. H. 36 c. L. 48 c.

107 Jésus portant sa croix. — Pendant du précédent.

108 Jésus en croix.

> Catalogue Campana.   Donné par l'Empereur.
>
> Panneau. H. 121 c. L. 80 c.

109 Jésus crucifié.

> Catalogue Campana.   Donné par l'Empereur.
>
> Panneau en forme de tryptique. H. 67 c. L. 26 c.

COLLECTION INGRES.

TABLEAUX.

ANDRÉ DEL SARTE. — 1488-1530.

École Florentine.

110 Sainte Catherine. Tiré de l'abside du dôme
de Pise (copie).

> Toile. H. 84 c. L. 72 c.

ARPIN (Le chevalier d').

École Romaine.

111 Leda.

> Toile. H. 70 c. L. 51 c.

CHAMPAIGNE (Philippe de). — 1602-1693.

École Flamande.

112 Portrait d'un religieux du couvent de Saint-
Jean-de-Dieu, à Rome, faisant l'opération
du trépan.

> Cuivre. H. 23 c. L. 17 c.

GAROFOLO. — 1481-1559.

École Lombarde.

113 La Vierge et l'Enfant Jésus (copie).
> Toile. H. 51 c. L. 40 c.

GRANET.

École Française.

114 L'entrée du cloître des Capucins, à Rome.
Un homme se fait arracher une dent par
un religieux.
> Toile. H. 41 c. L. 55 c.

115 Étude : Un religieux (copie).
> Toile. H. 27 c. L. 17 c.

116 Idem.   Idem.   (copie). — Pendant du
précédent.

INGRES père (JEAN-JOSEPH-MARIE).

117 La Descente de Croix.
> Composition dessinée à la plume et lavée
> à l'encre de chine.   H. 19 c. L. 14 c.

INGRES (JEAN-AUGUSTE-DOMINIQUE).

118 Cérémonie d'investiture d'un Préfet de Rome,
neveu du pape Urbain XIII, dans la chapelle
Sixtine.
Les figures sont prises dans une peinture du temps; cette ébauche et celle
qui est sous le numéro suivant, ont été
exécutées sous la direction de M. Ingres,
en 1848.
> Toile. H. 81 c. L. 98 c.

119 La Tribune célèbre où se chante le fameux
     Miserere de la Semaine Sainte, dans la
     chapelle Sixtine.

    Les figures sont tirées de la même
     peinture que celles du tableau précé-
     dent.

        Toile. H. 81 c. L. 98 c.

120 Eve. Fragment tiré des *Loges* de Raphaël,
     au Vatican.

        Toile. H. 93 c. L. 57 c.

121 Roger délivrant Angélique.

        Acheté par la Ville.

        Toile. H. 58 c. L. 48 c.

122 Portrait d'homme.

        Acheté par la Ville.

        Toile. H. 55 c. L. 48 c.

123 Un torse d'homme.

    Étude d'après nature, faite dans l'atelier
     de David.

        Acheté par la Ville.

        Toile. H. 108 c. L. 79 c.

124 Vue de Tivoli.

    Dessin lavé à la sépia.   Acheté par la Ville.

        H. 19 c. L. 27 c.

LEBRUN ou un Maître contemporain.— 1619-1690.

École Française.

125 Portrait d'homme.

        Toile. H. 92 c. L. 75 c.

LESUEUR (Eustache). — 1617-1655.

École Française.

126 Le Sacrifice de Manué.

> L'ange disparaît au milieu des flammes du sacrifice, après lui avoir prédit la naissance de son fils Samson.
>
> Toile. H. 158 c. L. 121 c.

LÉONARD DE VINCI. — 1452-1519.

École Florentine.

127 Un saint Jean (copie).

> L'original est au Louvre.
>
> Toile. H. 66 c. L. 54 c.

LUINI.

École Milanaise.

128 Une Tête de sainte Catherine.

> Toile. H. 54 c. L. 26 c.

PATEL.

129 Paysage et architecture.

> Les figures sont de Lesueur.
>
> Toile. H. 155 c. L. 104 c.

POCETI.

École Florentine.

130 Cérémonie de moines Cervites du couvent de l'Annunziata, à Florence, où ce peintre a décoré le cloître.

> Toile. H. 129 c. L. 95 c.

PORBUS (François). — 1500-1584.

École Française.

131 Un portrait d'homme, portant la date de 1567.

        Panneau. H. 50 c, L. 37 c.

POUSSIN (Nicolas). — 1595-1660.

École Française.

132 Le Testament d'Eudamidas (copie).
  L'original est perdu.

        Toile. H. 120 c. L. 148 c.

133 Une Bacchanale (copie-esquisse).
  Le tableau est au Louvre.

        Toile. H. 47 c. L. 65 c.

134 Un Amour lançant une flèche. Fragment de
  tableau (copie).

        Toile. H. 22 c. L. 28 c.

RAPHAEL SANZIO. — 1483-1520.

École Romaine.

135 Eve. Fragment d'un tableau du Vatican (copie
  par Flandrin, élève de M. Ingres).

        Toile. H. 62 c. L. 52 c.

136 La Vierge, dite la *Belle Jardinière* (copie).
  L'original est au Louvre.

        Toile. H. 101 c. L. 80 c.

137 Sainte Cécile et plusieurs Saints.

> Panneau. H. 55 c. L. 36 c.

138 Portrait du maître d'armes de Raphaël. Fragment d'un tableau du Louvre (copie).

> Toile. H. 60 c. L. 49 c.

139 Moïse sauvé des eaux. Tiré des *Loges* du Vatican (copie).

> Toile. H. 62 c. L. 77 c.

140 Fragment du *Spasimo*. Etude par un maître de l'École de Bologne.

> Toile. H 41 c. L. 43 c.

141 La Vision de saint Paul. Tiré du Vatican (copie libre).

> Toile. H. 58 c. L. 76 c.

142 La Justice. Tiré de la salle de Constantin, au Vatican (copie).

> Toile. H. 58 c. L. 43 c.

143 La Transfiguration (copie par un peintre de l'École de Bologne).

> Toile. H. 108 c. L. 70 c.

ROSELLI. — 1441-1521.

École Florentine.

144 La Famille du Grand Duc Ferdinand de Médicis et la duchesse mère assistant aux courses de char, sur la place de Santa-Maria Novella, à Florence.

> Toile. H. 74 c. L. 169 c.

TINTORET (Jacopo ROBUSTI, dit le). — 1512-1594.

École Vénitienne.

145 Les noces de Cana.

> Toile. H. 92 c. L. 126 c.

TITIEN (VECELLI , dit LE). — 1477-1576.

École Vénitienne.

146 Une Vénus et un Amour. Tiré de la galerie
de Florence (copie).

> Toile. H. 115 c. L. 89 c.

147 Fragment du *Martyre de saint Pierre le
Dominicain* (copie).

> Toile. H. 102 c. L. 154 c.

VOSTERMAN.

École Florentine.

148 Tentative d'assassinat sur le cardinal saint
Charles-Borromée.

> Toile. H. 110 c. L. 139 c.

AUTEURS INCONNUS.

École ancienne.

149 Orphée charme les animaux par les accords
de sa lyre (Imitation de Breughel-de-Velours).

> Toile. H. 64 c. L. 115 c.

150 Vue de l'église d'Ara-Cœli, à Rome, prise dans
le Campo vaccino.

Toile. H. 24 c. L. 32 c.

École de Bologne.

151 Saint Antoine de Padoue et le petit Jésus.

Panneau. H. 19 c. L. 14 c.

152 Un Chien de grand seigneur.

Toile. H. 73 c. L. 52 c.

École Espagnole.

153 Saint François reçoit les stygmates.

Panneau. H. 30 c. L. 21 c.

École Flamande.

154 Intérieur (ébauche).

Panneau. H. 30 c. L. 57 c.

École Florentine.

155 Saint Jean.

Toile. H. 69 c. L. 54 c.

156 Tête de Christ.

Toile. H. 40 c. L. 51 c.

École Française.

157 Vue de l'intérieur du Musée des Antiques, au
Louvre (ébauche).

Toile. H. 47 c. L. 41 c.

158 Un homme enveloppé d'un manteau (étude).

Panneau. H. 55 c. L. 20 c.

159 Un cloître.

Toile. H. 47 c. L. 38 c.

160 Petite esquisse de Paysage, dans le goût du
Poussin.

Toile. H. 21 c. L. 28 c.

161 Ébauche d'animaux.

Toile. H. 78 c. L. 100 c.

École Italienne.

162 Tableau de fruits.

Toile. H. 55 c L. 42 c.

163   Idem. — Pendant.

École de Mantoue.

164 Portrait d'une femme en profil (XVme siècle).

Panneau. H. 20 c. L. 14 c.

École Romaine.

165 Paysage : Coucher de soleil, par un contemporain du Guaspre.

Toile. H. 71 c. L. 98 c.

École Vénitienne.

166 L'Adoration des Bergers.

Ex-voto : le donateur est représenté à
genoux.

Toile. H. 93 c. L. 128 c.

DESGOFFES (Alexandre), élève de M. Ingres.

167 Paysage : Coucher de soleil.

Toile. H. 58 c. L. 74 c.

VASES GRECS ET ÉTRUSQUES.

1 Un grand vase.

La peinture représente Cénéus, les jambes à demi-enfoncées en terre, se couvrant de son bouclier et voulant encore se défendre contre deux centaures qui l'assaillent à la fois, l'un avec une branche d'arbre, et l'autre avec un quartier de roche. Le bouclier du héros porte pour devise un trépied; une grosse pierre ainsi qu'une branche sont jetées sur le terrain.

Sur le revers, deux autres centaures accourent se joindre aux ennemis de Cénéus. Leurs armes sont du même genre que celles de leurs compagnons.

Hauteur, 41 centimètres.

Ce vase, portant le numéro 98 du Catalogue de la collection de Canino, a été donné à M. Ingres par Madame la princesse Lucien Bonaparte.

2 à 13 Douze petits vases, de formes différentes, dont deux avec figures.

14 à 17 Quatre grandes coupes avec figures.

18 à 24 Sept petites coupes et un support.

LIVRES A FIGURES.

1 Achillis Bocchi bonon. symbolicarum qves-
   tionvm. Libri quinque. — *Bononiæ, apud
   societatem typographiæ Bononensis*, *1674*; 1
   vol. in-4°.

2 Architecture italienne, par Callet et J.-B. Le
   Sueur. — *Paris, Evérat, 1827.*

   Il laberinto di Porsenna, etc. — *Roma, Ales-
   sandro Monaldi, 1840.*

   Et autres vues ou dessins, pris à Rome. —
   1 vol. in-folio.

3 Art (L') de dessiner, de maîstre Jean Cousin.
   — *Paris, Jollain;* 1 vol. in-8°.

4 Description des fêtes et cérémonies du baptême
   du duc de Bordeaux. — *Paris, P. Renouard,
   1827;* 1 vol. in-folio.

5 Di due sepolcri romani, scoverti dal P. Campana.
   — *Roma, 1840;* 1 vol. in-folio.

6 Essai sur les signes inconditionnels dans l'art,
   par Humbert de Superville. — *Leyde,
   C. C. van der Hoek, 1827. — Imp. Schinkel,
   à La Haye;* 1 vol. in-folio.

7 Exposition universelle de Paris (1855). — 11
   vol. in-8° et un atlas.

8 Iconographie grecque, par E. Q. Visconti. —
   Paris, P. Didot, 1808; 3 vol. in-folio.

9 Iconographie romaine, par A. Mongez. — *Paris,*
   Didot, 1826; 4 vol. in-folio.

10 Il Musaïco Antoniniano. — *Roma, 1843;* 1 vol.
   in-4°.

11 La Chapelle de Saint-Ferdinand, lithographiée
   par Sudre. — *Claye et Taillefer, 1846;* in-
   folio.

12 La Ioyevse et magnifique entrée de Monseigneur
   Françoys, fils de France, etc., en sa très-
   renommée ville d'Anvers. — *Anvers, Ch.*
   Plantin, 1582; petit in-folio.

13 Le *Jugement dernier*, de Michel Ange, dessiné
   et lithographié par Guillemot. — *Roma, 1812;*
   1 vol. in-folio.

14 Lyon antique, restauré d'après Artaud, par
   A. M. Chenavard. — *Lyon, Boitel, 1850;*
   1 vol. in-folio.

15 Monument de Ninive, par Botta et Flandin. —
   Paris, Imprimerie Nationale, 1849; 5 vol.
   in-folio.

16 Monuments : Le Louvre, Saint-Cloud, Ecouen,
   Fontainebleau, par Baltard. — *Paris, Crapelet,*
   1803; 1 vol. in-folio.

17 Œuvres de J.-A. Ingres, membre de l'Institut,
   gravées au trait, sur acier, par A^le Réveil.
   — *Paris, Firmin Didot, 1851;* 1 vol. in-4°.

18 Opere complete di Giorgio Vasari, pittore et
   architetto aretino. — *Firenze, Audin, 1822;*
   6 vol in-8°.

19 Palais-Royal : Galerie d'Énée. — Gravures
   d'après Coypel; 1 vol. in-folio.

20 Tombeaux, d'après A. M. Chenavard. — *Lyon,
   Boitel, 1851;* 1 vol. in-folio.

GRAVURES.

1 Le Christ donnant les clefs à saint Pierre. — Dessiné et gravé par C. Pradier.
2 Virgile lisant l'*Énéide* devant Auguste (*Tu Marcellus eris*). — Gravé par C. Pradier (1832).
3 Raphaël et la Fornarine. — Gravé par C. Pradié.
4 Portrait de Bertin. — Gravé par Henriquel Dupont.
5 Henri IV jouant avec ses enfants, surpris par l'ambassadeur d'Espagne. — Gravé par Richome (1835).
6 Le Vœu de Louis XIII. — Dessiné et gravé par Calamatta (1837).
7 Portrait du duc d'Orléans. — Gravé par Calamatta.
8 Roger délivrant Angélique. — Dessiné et lithographié par Sudre (1839).
9 L'Odalisque. — Dessiné et lithographié par Sudre (1826).
10 Le Pape officiant dans la chapelle Sixtine. — Dessiné et lithographié par Sudre (1833).
11 Baigneuse. — Dessiné et lithographié par R. Balze.
12 Diplôme de l'Exposition universelle de 1855. — Gravé par Calamatta.

SCULPTURE.

1 Ingres (J-A.-D.), buste fait d'après nature, à
   l'Académie de France à Rome, par Otin.

> Bronze.   Acheté par la Ville.

2 Molière, buste par Houdon.

> Bronze.   Acheté par la Ville.

3 Lefranc de Pompignan (J.-L.), de l'Académie
   française, né à Montauban en 1709.

> Terre cuite.   Donnée par l'auteur,
> J. Baux, de Montauban.

4 Guibert (Le comte Hippolyte de), maréchal de
   camp, membre de l'Académie française, né
   à Montauban en 1743, par Houdon.

> Plâtre.   Donné à la Ville par M. de Villeneuve-
> Chenonceaux, gendre de Guibert.

5 Ingres (J.-D.) et Marie Ingres, née Capelle, mé-
   daillon par David d'Angers.

> Moulages en plâtre.   Donnés par M. Ingres.

STATUES [1].

6 Groupe de Laocoon, par Polydore de Rhodes.
7 Vénus de Médicis, par Cléomène, Athénien.
8 Gladiateur combattant, par Agasias, Ephésien.

[1] La collection des plâtres comprend environ 200 sujets,
dont on ne mentionne ici que les principaux.

9 Castor et Pollux (groupe de).

10 L'Apollon du Belvédère.

11 La Diane de Versailles.

12 L'Antinoüs.

13 Le Tireur d'épine.

14 Vénus au bain.

15 Un Hercule (figurine, style étrusque).

16 Un Génie, par Canova.

BUSTES ET FRAGMENTS.

17 Rome (colossale).

18 Pallas de Velletri.

19 Alexandre-le-Grand.

20 Homère.

21 Euripide.

22 Bacchus indien.

23 Cariatide, par Phidias.

24 Vénus du Capitole.

25 Niobé mère.

26 Une Fille de Niobé.

27   Idem.

28   Idem.

29   Idem.

30   Idem.

31 Un Fils de Niobé.

32   Idem.

33 Auguste.

34 Une Muse, par Canova.

35   Idem.

36   Idem.

37 Pâris, par Canova.

38 Hélène, par Canova.

39 Henri IV (portrait du temps).

40 L'Empereur Napoléon Ier, par Chaudet.

41 L'Impératrice Joséphine, par Chaudet.

42 Amour grec (torse).

43 Le Torse antique du Belvédère, dit de Michel-
Ange.

BAS-RELIEFS.

44 Combat des Amazones.

45 Apothéose d'Homère.

46 Un Sacrifice.

47 Dieux de l'Olympe (style étrusque).

48 Alcibiade chez Apasie.

49 Apothéose de l'empereur Napoléon Ier. —
Modèle de la médaille exécutée d'après le
tableau de M. Ingres, par Oudiné.

AUTELS ET VASES.

50 Autel antique, orné de bas-reliefs.

51   Idem.

52 Vase Borghèse.

53 Vase de la villa Albane.

54 Vase, par Sosibius, Athénien.

55 Vase de Médicis.

56 Vase moderne, par Clodion.

MÉDAILLES COMMÉMORATIVES

FRAPPÉES SOUS LES RÈGNES

De Louis XVIII, Charles X et Napoléon III.

————⋅∞≫⋇≪∞⋅————

1 Mort de Louis XVI (1793), — de Marie-Antoinette (1793), — et d'Élisabeth de France
(1794). — Gravé par Barre.

2 Mort de Louis XVII (1795). — Gravé par Jeuffroy.

3 Même sujet.   — Gravé par Tiolié.

4 Avènement de Louis XVIII (1795). — Gravé par
Jeuffroy.

5 La fille de Louis XVI se réfugie en Autriche
(1795). — Gravé par Galle.

6 Bichat (1802). — Gravé par Dubour.

7 Louis XVIII refuse d'abdiquer (1803). — Gravé
par Andrieu.

8 Rétablissement de la statue de Jeanne d'Arc
à Orléans (1803). — Gravé par Duprès.

9 Mort du duc d'Enghien (1804). — Gravé par
E. Gatteaux.

1814.

10 Entrée de Monsieur, frère du roi, à Paris. —
Gravé par Gayrard.

11 Louis XVIII débarque en France (3 mai). —
Gravé par Andrieu.

12 Même sujet. — Gravé par Dubois.

13 Traité du 12 mai — Gravé par E. Gatteaux.

14 La charte octroyée (4 juin). — Gravé par Jaley.

1815.

15 Vingt mars. Retour de la Discorde. — Gravé par Jeuffroy.

16 Espérance toujours conservée par le roi au milieu des revers. — Gravé par Jeuffroy.

17 Paroles du duc de Berry (24 mars). — Gravé par Gayrard.

18 Fermeté du duc d'Angoulême à Pont-Saint-Esprit. — Gravé par Gayrard.

19 Idem.

20 Rentrée de Louis XVIII à Paris. — Gravé par Gayrard.

21 Traité de novembre 1815. — Gravé par Gatteaux.

22 Les cendres de Louis XVI et de Marie-Antoinette recueillies et transportées à Saint-Denis. — Gravé par Galle.

23 Rétablissement de l'ordre de Saint-Louis. — Gravé par Lévêque.

24 Idem.

25 Institution de l'ordre royal de la Légion d'honneur. — Gravé par Droz.

26 Institution de l'ordre du Mérite militaire. — Gravé par Andrieu.

1816.

27 Mariage du duc de Berry. — Gravé par Barre.

28 Même sujet. — Gravé par Andrieu.

29 Ordonnance du roi sur la Charte. — Gravé par
Gayrard.

30 Confirmation des statuts des quatre Académies.
— Gravé par Andrieu.

31 Médaille pour récompense des Beaux-Arts. —
Gravé par Andrieu.

1817.

32 Fondation de l'anniversaire du 21 janvier 1793.
— Gravé par Gall.

33 Rétablissement de la statue d'Henri IV sur le
Pont-Neuf. — Gravé par Andrieu.

34 Idem.

35 Le prince de Condé. — Gravé par Dubois.

36 Idem.

1818.

37 Le roi réconcilie la France avec les autres
puissances de l'Europe.—Gravé par Gayrard.

38 Rétablissement du crédit public. — Gravé par
Dubois.

39 Visite de Monsieur, frère du roi, à la Monnaie
  (11 juin). — Gravé par E. Gatteaux.
40 Nicolas Copernic. — Gravé par Petit.
41 Dominique Cimarosa. — Gravé par Barre.
42 Guillaume Shakespeare. —   Idem.
43 John Milton. — Gravé par Vivier.
44 Salomon Gesner. —   Idem.
45 J. Lavater. — Gravé par Lévêque.
46 Michel Cervantes. — Gravé par Gayrard.
47 Jean Guttemberg. —   Idem.
48 Gluck. —   Idem.
49 Galilée. —   Idem.
50 Benjamin Franklin. — Gravé par Caqué.
51 Tadeus Kosciusko. — Gravé par Caunois.
52 Haydn. — Gravé par Gatteaux.

1819.

53 Ordonnance du roi (9 avril). — Gravé par
  Barre.
54 La duchesse Louise-Marie-Thérèse. — Gravé
  par Caqué.
55 Guillaume Congrève. — Gravé par Caqué.
56 Jean Winckelman. —   Idem.
57 Newton. — Gravé par Petit.
58 François Lefort. — Idem.
59 Christophe Colomb. — Idem.
60 Georges Washington. — Gravé par Vivier.

61 Victor Moreau. — Gravé par Caunois.
62 François Pétrarque. — Gravé par Jeuffroi.
63 Michel-Ange. — Gravé par Gayrard.
64 François Ier. —   Idem.
65 Le Dante.   —   Idem.
66 Le roi René. — Gravé par Chardigni.
67 Frédérik Schiller. — Gravé par Barre.

1820.

68 Mort du duc de Berry. — Gravé par Caqué.
69 Même sujet. — Gravé par Gayrard.
70 La duchesse de Berry présente son fils à la
    France. — Gravé par Caqué.
71 La France reçoit du Ciel le duc de Bordeaux.
    — Gravé par Depaulis.
72 Protection divine manifestée par la naissance
    du duc de Bordeaux. — Gravé par Gayrard.
73 Présentation du duc de Bordeaux. — Gravé
    Caunois.
74 Joie de la France à la naissance d'un autre
    Henri. — Gravé par Andrieu.
75 Construction du pont de Libourne. — Gravé
    par Depaulis.
76 Le Tasse. — Gravé par Caqué.
77 Frédérik Klopstock. — Idem.
78 Quirinus Visconti. — Idem.
79 Adam de Crapone, ingénieur. — Gravé par
    Chardigny.

80 Alfieri — Gravé par Donadio.
81 L'Arioste. — Gravé par Vivier.
82 André Vésale. — Gravé par Lefèvre.
83 George III, roi d'Angleterre. — Gravé par Durand.

1821.

84 Baptême du duc de Bordeaux. — Gravé par Desbœuf.
85 Mozart. — Gravé par Caqué.
86 Le Camoëns. — Idem.
87 Fernand Cortez. — Gravé par Vivier.
88 Charles-Quint. — Gravé par Gayrard.
89 Axel Oxenstierna. — Gravé par Salmson.
90 Christianus Hugenius. — Gravé par Henrionnet.
91 Theotimus Gellert. — Gravé par Brandt.
92 L'évêque de Belzunce. — Gravé par Chardigny.
93 Ferdinand VII, roi d'Espagne. — Gravé par Durand.

1822.

94 Rétablissement de la statue de Louis XIV sur la place des Victoires. — Gravé par Gayrard.
95 L'église Sainte-Geneviève rendue au culte. — Gravé par Andrieu.

1823.

96 Guerre d'Espagne. — Gravé par Gayrard.

1826.

97 Mort de Louis XVI. — Gravé par Depaulis.
98 Le duc de Bordeaux. — Gravé par Dubois.

---

99 Apothéose de l'Empereur Napoléon Ier, d'après
le plafond de J. Ingres (1854), en argent. —
Gravé par Oudiné.
100 Idem, en bronze.
101 Baptême du prince Impérial (1856), en argent,
102 Idem, en bronze.

OBJETS D'ART ET DE CURIOSITÉ
CHINOIS [1].

Poteries.

1 Tasse avec sa soucoupe, ornées de peintures rouges représentant des monstres.

         Provient du palais de l'Empereur.

2 Théière hexagone, en terre cuite rouge.

3 Théière en terre cuite rouge, de forme ronde.

4 Vase en faïence, avec un support en bois.

5 Bouteille en porcelaine craquelée, avec son support en bois.

         Provenant du palais de l'Empereur.

6 Plat de faïence, émaillé en bleu.

7 Grande bouteille en faïence blanche, ornée de dessins en relief, avec son support en bois.

8 Bouteille en faïence, émaillée en vert.

9 Assiette vernissée au sang de bœuf, contenant des cartes à jouer, des jetons et fiches en nacre, et un compteur en ivoire.

10 Boucle chinoise.

11 Petit vase du Japon, avec une anse collée en bois.

[1] Cette collection tout entière a été donnée par M. le docteur Lapeyre, de Valence-d'Agen, pharmacien en chef de l'armée expéditionnaire en Chine.

12 Cuillère en porcelaine du Japon.

13 Tabatière en porcelaine du Japon.

14 Assiette en porcelaine, décorée de peintures.

15 Bouteille en porcelaine, émaillée en vert d'eau.

16 Vide-poche en terre cuite, carré.

17 Vide-poche en terre cuite, imitant un morceau
   de branche d'arbre.

18 Une bouteille en terre cuite, ornée d'une branche de groseiller en relief, avec un support
   en terre cuite.

19 Petite urne ronde, émaillée en violet.

20 Un godet.

21 Soucoupe en porcelaine.

22 Gourde en faïence, vernissée en brun.

23 Petite coupe en faïence, vernissée en brun.

24 Petite tasse en porcelaine du Japon.

25 Petite tasse, ornée de poissons peints.

26 Tasse décorée d'une peinture représentant
   une branche d'arbre en fleur, sur laquelle
   sont des oiseaux.

27 Petite soucoupe en porcelaine, sur laquelle
   des arbres sont représentés.

28 Tasse en porcelaine peinte, avec sa soucoupe.

29 Tasse en porcelaine peinte.

30 Idem.

31 Soucoupe en porcelaine peinte.

32 Idem.

33 Un Flacon en terre cuite, représentant un
   portefaix chinois.

Pierres ou imitations.

34 Vase de forme ronde, blanc, avec reliefs
  rouges.

Provenant du palais de l'Empereur.

35 Brûle-parfums en jade vert, garni de bronze
  doré.

36 Petit brûle-parfums en jade vert, garni de
  bronze doré.

37 Assiette en jade vert foncé.

38 Rondelle en jade blanc.

Provenant du palais de l'Empereur.

39 Bougeoir en jade blanc.

40 Assiette en jade blanc.

41 Support en jade vert foncé.

42 Cheval en pagodite sculptée (pierre à détacher).

43 Couvercle blanc, en opale, avec dessins en
  relief bleu.

44 Bouton figurant une plante. — On s'en sert
  pour suspendre des objets à la ceinture.

45 Anneau en composition verte.

46 Grand anneau, avec un bouton en cristal
  rouge.

47 Godet en forme de ∞, avec un anneau mo-
  bile taillé dans une même pierre dure.

48 Couteau à papier, en opale.

49 Idem.

50 Trois échantillons de boutons plats, en verre
  et autre matière.

51 Échantillons divers de boutons ronds, en verre
  et autre matière.

52 Tabatière en une matière rouge.

53 Tabatière avec ornements rouge en relief sur
  un fond blanc.

54 Tabatière en verre, avec des figures peintes.

55 Broche en opale, à tête verte.

56 Broche en opale, à tête bleue.

Émaux.

57 Assiette en émail.

58 Soucoupe en émail.

59 Chapelet pour enfant , avec plaque en émail.
  — Signe distinctif.

60 Idem.

61 Vase en émail cloisonné (XIVme siècle).

62 Bouteille en émail cloisonné (XIVme siècle).

63 Crochet à bouton en émail cloisonné (XIVme
  siècle).

64 Porte-bijoux en émail.

65 Vase en émail, à quatre faces.

66 Petit bol émaillé.

Bronzes et autres métaux.

67 Vase en bronze, avec des ornements en relief
  dorés.

68 Grande bouteille en bronze, ornée de caractères
  incrustés en métal blanc, avec un support
  en bois.

69 Petite bouteille en bronze gravé.

70 Urne à quatre faces en bronze, oxidé par
    places et rehaussé d'or.

Provenant du palais de l'Empereur.

71 Petite coupe ou couvercle en bronze, oxidé
    par places et rehaussé d'or.

72 Vase en bronze, oxidé par places et rehaussé
    d'or, de forme carrée.

73 Brûle-parfums en bronze, oxidé par places
    et rehaussé d'or, contenant des boutons.

74 Vase en bronze, de forme carrée.

75 Petit vase en bronze, orné de deux anses for-
    mées par des plantes, avec un support en
    bois.

76 Petit vase, orné de panneaux ciselés et dorés
    se détachant sur un fond noir.

77 Bouteille en bronze, ayant une chimère pour
    anse, avec un support en bois.

78 Miroir en bronze, poli d'un côté et orné d'un
    bas-relief de l'autre.

79 Réchaud en bronze, d'une composition parti-
    culière.

80 Fer à repasser en bronze.

81 Cimbales en bronze.

82 Cendrier en zinc.

83 Bouteille en bronze, décorée de peintures
    rehaussées d'or.

84 Plateau à trois pieds en bronze, avec son support en bois.

85 Objet inconnu, surmonté d'un chien.

86 Grelot chinois en bronze.

87 Petit brûle-parfums en bronze.

88 Grande coupe à trois pieds, avec son support en bois.

89 Cassolette.

90 Cadenas chinois, avec sa clef en fer.

91 Idem.

Laques.

92 Petit vase en laque rouge, orné de dessins en relief.

93 Soucoupe en laque rouge, dorée en dedans.

94 Un couvercle en laque de Pékin.

95 Un couvercle à jour, doré en dedans. — Cet objet et le précédent ornent les tables chargées d'aliments que les Chinois présentent à leurs idoles, à certaines époques de l'année, pour servir aux festins de famille.

96 Jeu d'échecs en ivoire : table en laque pour échecs d'un côté et pour tric-trac de l'autre.

97 Table en laque.

Provenant du palais de l'Empereur.

98 Assiette en laque.

99 Idem.

100 Grande Bonbonnière à compartiments, avec son couvercle en laque incrustée de nacre.

Provenant du palais de l'Empereur et destinée aux réceptions d'apparat.

101 Une cuillère en bois laqué.

102 Petit coffret chinois de Peïtank.

Objets divers de toilette ou d'ameublement , etc.

103 Une bourse avec ceinture.

104 Une bourse avec un bouton.

105 Sachet à odeur.

106 Idem.

107 Idem.

108 Miroir chinois à jeu de lumière, monté en laque (réflecteur pour une lampe).

109 Boîte à bonbons et bonbons.

Provenant du palais de l'Empereur.

110 Boutons chinois, dans une boîte tressée en bambou.

111 Natte : descente de lit en latanier, ornée de dessins.

Venant des îles Philippines.

112 Chasse-mouche, garni de crins.

113 Idem.

114 Manche de chasse-mouche.

115 Idem.

116 Plume d'Argus.

117 Idem.

118 Mandoline chinoise.

119 Sorte de flûte.

120 Parasol.

121 Une paire de souliers d'homme.

122 Une paire de bottes de soie.

123 Une paire de souliers de femme.

124 Broderies chinoises pour un costume.

125 Idem.

126 Deux tubes en verre, l'un vert et l'autre
jaune (amulette).

127 Manche en corne de cerf.

128 Manche en laque incrustée de cuivre.

129 Veste de soldat chinois.

130 Gland à odeur.

131 Idem.

132 Banderole en soie, ornée de peintures.

133 Banderole en toile, ornée de peintures. —
Cet objet et les trois précédents servent à
orner les pagodes dans les jours de grande
fête, notamment pour la procession du
Serpent, qui se fait deux fois l'an, à l'époque
du changement des moussons.

134 Un chapelet de mandarin. — Ornement distinctif.

135 Boîte du chapelet précédent, portant, dans un
écusson, le paon, oiseau impérial.

136 Un Chinois en ivoire, sculpté et peint (fragment).

137 Une barque chinoise en cuivre peint (fragment).

138 Caractères chinois en perles de verre cousues sur des gaînes de cuivre : quatre pièces. — Même destination que le n° 133.

139 Chapeau de soldat français pendant l'expédition de Chine.

140 Chapeau de mandarin tartare.

141 Chapeau de Cochinchinois.

142 Bonnet chinois en feutre gris.

143 Bonnet chinois en feutre noir, orné d'une bordure bleue et or.

144 Coiffure d'un officier français en Chine.

145 Canne d'un officier français en Chine.

146 Boîte en bois, découpé à jour.

147 Idem.

148 Racine taillée en oiseau.

149 Idem.

150 Support en bois sculpté.

151 Idem.

152 Idem.

153 Idem.

154 Vide-poche en bois sculpté.

155 Idem.

156 Idem.

157 Idem.

158 Idem.

159 Idem.

160 Coupe en bois sculpté, contenant des marques.

161 Coupe en bois, doublée de métal, contenant deux noix, l'une sculptée, l'autre naturelle.

162 Bol en bambou tressé, doublé de métal.

163 Petite coupe en bois sculpté, représentant un cerf et une branche d'arbre à fruit, contenant 10 fiches en ivoire, servant à étiqueter les objets dans les bibliothèques ou chez les marchands.

163 *b.* Chassis de fenêtre sculpté.

Statuettes de Divinités chinoises.

164 Divinité en bronze doré orné de couleurs.

165 Garniture de pagode en bois, avec trois idoles en métal, en bois et en terre cuite.

166 Tête de Chimère en ivoire peint.

167 Racine taillée en statue, représentant le Silène chinois.

Livres imprimés et manuscrits, Monnaies, Mesures, Encriers, &c.

168 Une marque de commerce.

169 Idem.

170 Mesure chinoine.

171 Balance chinoise.

172 Monnaies chinoises en cuivre, dites sapèques.

173 Monnaies cochinchinoises en zinc.

174 Encrier chinois, avec de l'encre.

175 Petit encrier, avec son support.

176 Boîte sculptée, avec des figures, contenant de l'encre de Chine.

177 Cinq pinceaux pour écrire et une brosse.

178 Couteaux à papier.

179 Idem.

180 Règle chinoise en bambou sculpté.

181 Idem.

182 Couteau à papier chinois, renfermé dans une règle en bambou sculpté.

183 Petit livre de justice.

184 Une brochure imprimée.

185 Idem.

186 Pancarte imprimée.

187 Enveloppe en toile cartonnée, contenant trois petites brochures imprimées et un manus- crit.

188 Un numéro d'un journal chinois.

189 Deux feuilles imprimées.

190 Pancarte, contenant des préceptes chinois.

191 Idem.

192 Sept livres de commerce, brochés, et deux fragments.

193 Un petit portefeuille chinois.

194 Lettres avec leurs enveloppes, et papier pour effets de commerce, etc.

Peintures.

195 Album chinois, contenant une collection de
    papillons coloriés sur papier de riz.

196 Gravure italienne pour lanterne magique,
    portant un titre en latin et en hollandais,
    annotée pour l'Empereur.

                Provenant du palais de l'Empereur.

197 Idem.

198 Peinture sur papier, représentant des Divi-
    nités chinoises. — Détachée d'une pagode.

199 Écran chinois peint.

200 Écran chinois monté en bambou.

201 Idem.

202 Idem.

203 Écran brodé en soie.

204 Éventail peint, avec figures.

205 Idem.

206 Éventail représentant une scène comique.

207 Éventail avec caractères.

208 Idem.

209 Deux feuilles pareilles d'images imprimées en
    couleur, représentant une suite de portraits
    en buste.

210 Peinture imprimée sur papier, représentant
    une divinité.

211 Idem. — Cette image et la précédente repré-
sentent les divinités que les Chinois placent
dans le vestibule de l'habitation; elles sont
abritées dans une niche et éclairées nuit
et jour.

212 Cinq feuilles couvertes d'images imprimées
en couleur, servant d'enveloppe à des papiers jaunes percés de trous. — Les parents
ou les amis les brûlent, en offrandes, dans
les pagodes le jour de l'enterrement des
morts.

213 Peinture sur papier de riz, représentant l'empereur de la Chine.

214 Peinture sur papier de riz, représentant l'impératrice de la Chine.

215 Peinture sur papier de riz, représentant le
prince impérial de la Chine.

216 Peinture sur papier de riz, représentant la
princesse impériale de Chine.

217 Peinture sur papier de riz, représentant le
supplice de la strangulation.

218 Peinture sur papier de riz, représentant le
supplice de la décapitation.

219 Peinture sur papier de riz, représentant la
brûlure des pieds.

220 Peinture sur papier de riz, représentant une
jonque chinoise, à l'usage des mandarins
voyageant sur les fleuves.

221 Idem.

222 Peinture sur papier de riz, représentant des
oiseaux sur une branche d'arbre en fleur.
223 Idem.

Équipement militaire, Étendards, Coutellerie, Nécessaires de fumeurs, &c.

224 Arc avec sa corde.
225 Carquois et 6 flèches du précédent.
226 Flèche à pointe émoussée, pour l'instruction
des recrues et simulacre de combat.
227 Sabre à deux mains pour les exécutions.
228 Sabre.
229 Idem.
230 Sabre avec son fourreau en velours.
231 Poignard chinois.
232 Idem.
233 Fusil chinois à mèche.
234 Idem.
235 Cartouchière en bambou.
236 Poudrière en carton, avec un bouton en bois.
237 Poudrière en corne, avec un bouton en jade.
238 Étiquette de soldat chinois, en bois.
239 Idem.
240 Moule à balles tartare.
241 Bourse de soldat.
242 Drapeau chinois.
243 Idem.
244 Idem.

245 Drapeau chinois.

246 Guidon chinois.

247 Idem.

248 Bouclier, venant de chez le roi de Borneo.

249 Nécessaire d'armes. Les tubes contiennent la
poudre fine pour amorcer; la poche ren-
ferme le briquet, la pierre et le papier-
amadou qui sert à allumer la mèche salpé-
trière qu'on enroule autour de la crosse du
fusil.

250 Briquet.

251 Nécessaire de fumeur, en bambou.

252 Réservoir de papier-amadou, en bambou. —
Cet objet, à l'usage des fumeurs, se fixe au
pouce au moyen de l'anneau. Le papier,
de forme cylindrique, se plonge dans le
tube où il s'éteint; quand il est trop court,
on le retire au moyen de la pince n° 276.

253 Pipe en bois avec un tuyau en bambou.

254 Tuyau de pipe en bambou.

255 Idem.

256 Pipe à opium, avec son nécessaire.

257 Bout de pipe en cuivre.

258 Pipe en cuivre.

259 Idem.

260 Pipe en cuivre pour opium.

261 Nécessaire de table à manger, avec son bouton en jade.

262 Deux baguettes à manger, en bois.

263 Une paire de grands ciseaux.
264 Une paire de petits ciseaux.
265 Idem.
266 Un rasoir.
267 Idem.
268 Idem.
269 Idem.
270 Idem.
271 Idem.
272 Idem.
273 Lime à ongles.
274 Idem.
275 Ciseau à ongles.
276 Pince de fumeur.
277 Idem.
278 Idem.
279 Idem.

Produits naturels et d'industrie.

280 Petite corbeille en jonc.
281 Petit sceau.
282 Un panier fait avec une seule palme.
283 Petite boîte faite avec une citrouille.
284 Petite gourde faite avec une matière gélatineuse.
285 Deux feuilles de papier couvertes d'ornements imprimés.
286 Échantillons de papiers divers.

287 Plante textile (palmier nain).

288 Jute ou chanvre de Manille (4 mètres de lon-
gueur).

289 Boîte à thé, contenant du thé.

290 Échantillons de coton chinois, avec sa pulpe.

291 Fruit cotonneux, cueilli à Macao, dans la villa
du Camoëns, sur un arbre très-gros, res-
semblant beaucoup au tremble d'Afrique.

292 Échantillon de thé.

293 Siége en bambou.

294 Nid d'oiseau.

295 Idem.

296 Végétation marine (gorgone).

SUPPLÉMENT.

TABLEAUX.

168 Paysage de l'*École romaine,* dans le goût du
Guaspre (collection Ingres).

T. H. 34. L. 43.

MÉDAILLES.

103 Construction du pont d'Orléans (1760), en
argent.

Donné par M. Jeau (Henri).

104 Napoléon, empereur des Français et roi
d'Italie. — Gravé par Combes père (épreuve
d'essai).

TABLE.

—